Las aventuras de Leo y el cardumen

por Thea Feldman
ilustrado por Luciana Navarro Alves

Scott Foresman
is an imprint of

Glenview, Illinois • Boston, Massachusetts • Chandler, Arizona
Upper Saddle River, New Jersey

Every effort has been made to secure permission and provide appropriate credit for photographic material. The publisher deeply regrets any omission and pledges to correct errors called to its attention in subsequent editions.

Unless otherwise acknowledged, all photographs are the property of Pearson.

Photo locations denoted as follows: Top (T), Center (C), Bottom (B), Left (L), Right (R), Background (Bkgd).

Illustrations by Luciana Navarro Alves.

Photograph 16 ©Royalty-Free/Corbis

ISBN 13: 978-0-328-53584-2
ISBN 10:   0-328-53584-2

1 2 3 4 5 6 7 8 9 10 V0G1 18 17 16 15 14 13 12 11 10 09

—¡Este cardumen no es divertido! —dijo Leonel a su amigo Gil—. Todos los días son iguales. Nadamos de aquí para allá. ¿Qué sentido tiene este ir y venir?

Gil parecía triste.

—¡Ay!, Leonel —dijo—. Créeme. Nadar en un cardumen está bien. Algún día te darás cuenta por qué.

Pero Leonel miraba a lo lejos.

—¡Ah! —dijo—. Gil, ¿ves eso? Parece un barco antiguo. ¿Qué es eso que brilla? Estoy seguro de que podría ser cristal, y quizá hasta joyas. Voy a hacer un descubrimiento.

—¡Leo! —dijo Gil—. No te atrevas a ir ahí. Esa luz brillante podría ser uno de esos horribles peces abisales. ¡Podría estar esperando para comerte!

Pero Gil le hablaba a un remolino de burbujas de aire. Las aletas de Leonel chapotearon por un momento y luego desapareció rumbo al barco.

Leonel estaba muy emocionado cuando entró nadando al barco. ¡Por fin! Esto era algo diferente. El barco estaba repleto de cosas que él nunca había visto.

Había grandes joyas luminosas y brillantes monedas de oro. Leonel nadó hacia una luz brillante. ¡Ahí se encontró con un pez abisal que tenía sus mandíbulas bien abiertas!

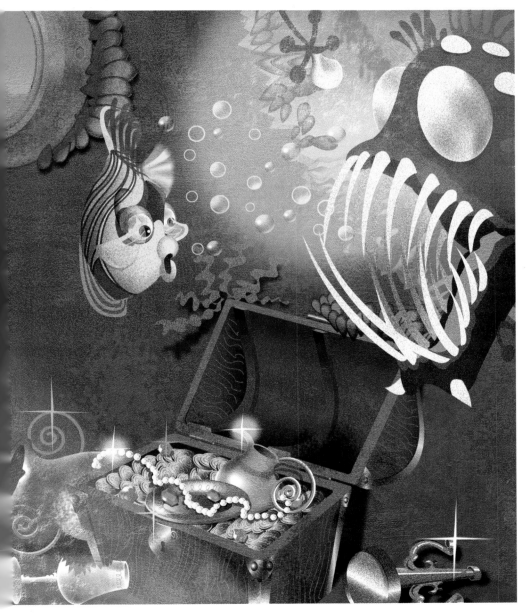

Leonel nadó hacia atrás tan rápido como pudo. Mantenía sus ojos en el pez abisal todo el tiempo.

—¡Ay! —gritó Leonel al retroceder justo hacia un tenedor de plata—. ¡Éste no es el tipo de aventura que esperaba!

Cuando Leonel giró, vio una gran morena al acecho en un rincón.

—Hola, hijo, ¿por qué no vienes y le cuentas todo a esta vieja Morena? Antes de que te coma, claro.

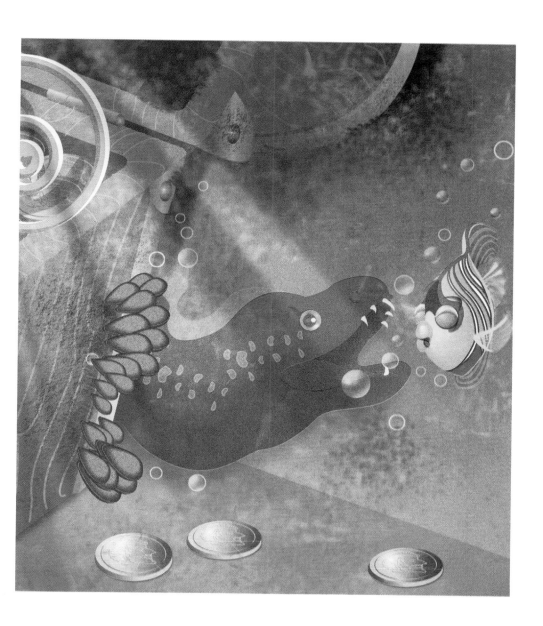

Leonel vio a la Morena acercársele. Supo que
era hora de terminar su misión exploradora.

—¡Debo irme! Debo volver al cardumen. Quizá
hablemos alguna otra vez —dijo, y desapareció
de su vista.

Mientras se iba nadando, Leonel no se dio cuenta de que una gran red había bajado. Como una cuchara gigante, lo atrapó.

Pero Leonel se escapó por un agujero de la red. Por esta vez, ser pequeño era bueno.

Leonel se escondió tras unos corales. Debía
ponerse a salvo. Necesitaba un lugar tranquilo
donde poder pensar. Pensó acerca de su
tranquilo cardumen. ¡Cómo lo extrañaba
ahora!

Leonel miró más hacia el océano. Más que nada, quería ver a Gil y al cardumen. ¿Pero qué fue eso? ¡El cardumen estaba regresando! Leonel sintió un gran bienestar.

—Nunca más me quejaré por nadar de aquí para allá.

Cardúmenes

Al menos un cuarto del total de peces en el mundo nadan en cardúmenes. ¡Algunos cardúmenes tienen millones de peces! Al nadar juntos, los peces hacen que sea más difícil que los peces grandes se los coman. Algunos científicos piensan, además, que es más fácil encontrar pareja en un cardumen. Y los peces pequeños nacen sabiendo nadar juntos. Es la mejor defensa contra un mundo marino repleto de criaturas grandes y hambrientas.